GUÍA DE LECTURA

Escrita por Mélanie Kuta
Traducida por Laura Bernal Martín

Orgullo y prejuicio

de Jane Austen

Entiende fácilmente la literatura con

Resumen
Express.com

www.resumenexpress.com

JANE AUSTEN

ESCRITORA INGLESA

- **Nacida en 1775 en Steventon (Inglaterra)**
- **Fallecida en 1817 en Winchester (Inglaterra)**
- **Algunas de sus obras:**
  - *Orgullo y prejuicio* (1813), novela
  - *Emma* (1815), novela
  - *Persuasión* (1818), novela

Jane Austen es una mujer de letras inglesa que nació en 1775 y falleció en 1817. Hija de un rector de la Iglesia anglicana perteneciente a la clase acomodada inglesa, creció rodeada de sus seis hermanos y de su hermana. Como sus padres no contaban con medios suficientes para ofrecerle estudios superiores, le debe su educación a su padre, a sus hermanos y a una biblioteca familiar muy bien equipada a la que podía acceder a su antojo. Nunca se casó y vivió toda su vida junto a su familia.

Sus obras contienen, a menudo, una crítica a las novelas románticas de la segunda mitad del siglo XVIII. En ellas, Jane Austen denuncia la dependencia de la mujer a su marido. Las principales novelas que publicó en vida fueron *Sentido y sensibilidad* (publicada anónimamente en 1811), *Orgullo y prejuicio* (1813), *Mansfield Park* (1814) y *Emma* (1815).

ORGULLO Y PREJUICIO

UNA OBRA REPLETA DE HUMOR Y SENTIMIENTOS

- **Género**: novela epistolar
- **Edición de referencia:** Austen, Jane. 1999. *Orgullo y prejuicio*. Traducido por Ana M.ª Rodríguez. Madrid: Unidad Editorial, colección *Millenium, las 100 joyas del milenio*
- **Primera edición**: 1813
- **Temáticas**: amor, matrimonio, clases sociales, mujer, sociedad

Orgullo y prejuicio es la novela más célebre de Jane Austen, y la primera que escribe. En 1797, una editorial rechazó el manuscrito, titulado inicialmente *First Impressions (Primeras impresiones)*. En 1809, Jane Austen comienza a revisar la novela, que publicará de forma anónima en 1813 bajo el título de *Orgullo y prejuicio*, dos años después de la publicación de *Sentido y sensibilidad*.

Esta comedia romántica transcurre en Longbourn, en el mundo rural inglés, durante las guerras napoleónicas (1797-1815). Jane Austen describe una sociedad extremadamente marcada por las diferencias sociales, en la que existe un fuerte sentido de pertenencia a una determinada clase. La historia se cuenta a través de los ojos de Elizabeth Bennet, la protagonista de *Orgullo y prejuicio*.

RESUMEN

CAPÍTULOS 1-4

El anuncio de que un joven rico, Charles Bingley, va a instalarse en la mansión de Netherfield Park causa un gran revuelo en Longbourn, y más en concreto en casa de los Bennet. Estos tienen cinco hijas aún solteras: Jane, Elizabeth, Mary, Catherine y Lydia. Su madre, Mrs. Bennet, ve la llegada del joven como una posibilidad para casar a una de sus hijas.

Días después, todos coinciden en un baile. Mr. Bingley está acompañado de sus dos hermanas, su cuñado y un amigo, Darcy, que se muestra especialmente altivo y desagradable, sobre todo con Elizabeth.

CAPÍTULOS 5-8

El baile vuelve a ser tema de conversación cuando las hijas de sir William Lucas, vecino de los Bennet, van a visitarlos. La mayor, Charlotte, aborda la actitud que adoptó Darcy con Elizabeth.

Una mañana, Jane recibe una invitación para cenar con Caroline Bingley, la hermana de Charles. Como amenaza con llover, Mrs. Bennet envía a Jane a Netherfield a caballo, para que así se vea obligada a pasar allí la noche. Al día siguiente, Jane cae enferma. Elizabeth decide hacerle compañía y pasa varios días con Mr. Bingley y sus acompañantes.

CAPÍTULOS 9-12

Mientras Jane se encuentra guardando cama, Elizabeth se divierte provocando a Darcy, que está hechizado por la joven. Solo su diferente clase social le impide mostrar sus sentimientos.

Cuando Jane se ha recuperado, las dos hermanas vuelven a casa.

CAPÍTULOS 13-17

Los Bennet reciben la visita de Mr. William Collins, primo de Mr. Bennet y párroco al servicio de lady Catherine de Bourgh. Él heredará la propiedad familiar tras la muerte de Mr. Bennet.

En Meryton, Lydia se encuentra con uno de sus amigos, un oficial, que le presenta a un nuevo recluta, Mr. Wickham. Darcy y Bingley se cruzan con ellos por casualidad y Darcy se muestra extremadamente frío con Wickham.

Durante una cena, Wickham conversa con Elizabeth y le cuenta que Darcy ha puesto en peligro su prosperidad financiera. A continuación, la joven se entera de que es el sobrino de lady Catherine de Bourgh, lo que no hace más que aumentar el desprecio que siente hacia él.

CAPÍTULOS 18-23

Durante un baile en Netherfield, Miss Bingley aconseja a Elizabeth que desconfíe de Wickham, advertencia que la joven ignora. En la comida, Mrs. Bennet se pone en ridículo al hablar sobre la posible unión de Jane y Mr. Bingley.

Al día siguiente, Mr. Collins le pide matrimonio a Elizabeth. Ella le rechaza, lo que enfurece a su madre. Mrs. Bennet le pide ayuda a su marido, pero este apoya la decisión de su hija.

Jane recibe una carta de Miss Bingley en la que le informa de que Bingley y sus acompañantes se han marchado a Londres por un tiempo indefinido. La joven está destrozada.

Los Bennet se enteran de que Mr. Collins va a casarse con Charlotte y Elizabeth queda enormemente sorprendida por la noticia.

CAPÍTULOS 24-26

Mr. Gardiner, el hermano de Mrs. Bennet, llega con su mujer a Longbourn para pasar la Navidad. Al notar la tristeza de Jane, proponen llevarla con ellos a Londres. La joven acepta, deseosa de cruzarse con Mr. Bingley. Mrs. Gardiner se da cuenta de que Elizabeth se siente atraída por Wickham y le advierte sobre él.

CAPÍTULOS 27-34

En marzo, Elizabeth visita a Charlotte en Hunsfort, donde se encuentra la abadía de Mr. Collins. Cenan todos juntos en Rosings, en casa de lady Catherine de Bourgh, que se muestra desagradable con Elizabeth y critica su falta de educación.

Darcy y su primo, el coronel Fitzwilliam, llegan a casa de su tía de visita. Este último le dice a Elizabeth que Darcy presume últimamente de haber salvado a un amigo de un matrimonio imprudente. La joven comprende que se trata de su hermana y de Bingley.

Más tarde, cuando se encuentran solos, Darcy le declara su amor a Elizabeth y le pide matrimonio, a pesar de que la joven procede de una clase social inferior. Elizabeth le rechaza primero con educación, para después acusarle furiosamente de haber saboteado el matrimonio de su hermana y la prosperidad financiera de Wickham. Le tacha de arrogante, vanidoso y egoísta, y le dice que nunca se casará con él. Darcy se marcha.

CAPÍTULOS 35-42

Antes de abandonar Rosings, Darcy le entrega una carta a Elizabeth, en la que admite haber intentado acabar con la relación entre Jane y Bingley. Asimismo, le explica el conflicto que le enfrenta a Wickham: este último, después de haber tratado de sacarle dinero, intentó casarse con Georgiana, su hermana, para poder hacerse con su fortuna. Elizabeth, impactada ante tales revelaciones, se avergüenza de haber creído con tanta facilidad la historia del oficial.

Elizabeth regresa a Longbourn acompañada de Jane. La mujer del coronel Forster invita a Lydia a pasar el verano en Brighton, lugar al que acuden los oficiales, y Mr. Bennet le da permiso.

En julio, Elizabeth acompaña a los Gardiner en un viaje. Se

apean no lejos de Pemberley, la hacienda de Darcy. Al saber que el propietario no se encuentra en casa, Elizabeth acepta visitar la finca.

CAPÍTULOS 43-45

Darcy aparece en Pemberley y se muestra extremadamente educado con sus invitados. Elizabeth, molesta, le asegura que solo ha aceptado ir porque pensaba que él no se encontraría allí.

CAPÍTULOS 46-49

Elizabeth se entera de que Lydia se ha fugado con Wickham y de que su familia desconoce si se han casado. La reputación de Lydia y de la familia Bennet está en juego. Elizabeth le cuenta todo a Darcy, y después va a encontrarse con los suyos.

Mr. Gardiner acaba por encontrar a la ilegítima pareja y persuade al oficial para que se case con Lydia. Los Bennet están convencidos de que los Gardiner le han ofrecido dinero. Mrs. Bennet estalla de alegría tras el anuncio del matrimonio.

CAPÍTULOS 50-55

Wickham y Lydia llegan a Longbourn. Elizabeth se entera por medio de Mrs. Gardiner de que fue Darcy quien, por amor a Elizabeth, encontró a la joven pareja y le ofreció dinero a Wickham.

Darcy y Bingley vuelven a Netherfield Park y pasan en varias ocasiones por la casa de los Bennet. Bingley le pide la mano de Jane a su padre, y este da su consentimiento.

CAPÍTULOS 56-61

Lady Catherine de Bourgh visita a los Bennet y les pide hablar con Elizabeth. Le dice que corre el rumor de que Darcy tiene intención de casarse con la joven, lo que lady Catherine juzga ridículo. Elizabeth se defiende y se niega a dejarse intimidar. Lady Catherine se marcha, furiosa.

Durante un paseo, Elizabeth le da las gracias a Darcy por la generosidad con la que ha tratado a Lydia, y le confiesa que sus sentimientos han cambiado: acepta su propuesta de matrimonio. Mr. Bennet, sorprendido en un principio, acepta la unión.

Poco después de las dos bodas, Bingley y Jane se instalan en una finca situada cerca de Pemberley. Kitty es alejada de la mala influencia que ejerce en ella su hermana Lydia, que suele pedirle dinero a Elizabeth y a Darcy, y que visita en demasiadas ocasiones a los Bingley. Elizabeth y Georgiana se hacen íntimas amigas. Lady Catherine acaba aceptando la unión de su sobrino.

ESTUDIO DE LOS PERSONAJES

ELIZABETH BENNET

Es el personaje principal de la obra, y la segunda de las cinco hijas de los Bennet. Es atractiva y tiene unos ojos muy expresivos. Llena de energía y de sensatez, se desenvuelve con soltura e inteligencia. Disfruta observando el comportamiento de las personas de su alrededor.

En ocasiones, no obstante, juzga a aquellos que la rodean con demasiada celeridad. Esto le lleva a equivocarse sobre la verdadera naturaleza de los demás, sobre todo en cuanto a Wickham y a Darcy, y a apoyarse en sus prejuicios iniciales antes de ser consciente de sus errores. Muy segura de sí misma, no se deja intimidar fácilmente, ni siquiera por aquellos que pertenecen a una clase social superior.

DARCY

Hijo de una familia adinerada, es dueño de la hacienda de Pemberley, en Derbyshire. Es el sobrino de lady Catherine de Bourgh y el mejor amigo de Mr. Bingley. Es el equivalente masculino a Elizabeth y el lector se da cuenta en seguida de que él está hecho para ella.

Con una apariencia que denota superioridad y arrogancia, su riqueza y su estatus hacen de él un hombre orgulloso y consciente de su posición social superior. Al igual que Elizabeth, es sincero y juzga con rapidez a los que le rodean. Sin embargo, que Elizabeth rechace su propuesta de matrimonio le impulsa a ser más humilde y a replantearse sus pretensiones.

Es también un hombre muy generoso: no duda en ayudar a Lydia y a la familia Bennet. Demuestra así el profundo cariño que siente por Elizabeth, a pesar de su pobreza y de los continuos errores de los Bennet.

JANE BENNET

Es la primogénita y la más agraciada de las hermanas Bennet. Es más reservada y dulce que Elizabeth, con quien tiene una sincera complicidad. Cree en la bondad de las personas y suaviza los rápidos juicios de su hermana. Enseguida se siente atraída por Charles Bingley, pero evita expresar sus sentimientos en público, motivo por el que Darcy cree que no le ama de verdad.

CHARLES BINGLEY

La llegada de este acaudalado joven al castillo de Netherfield abre la obra. Tiene un carácter parecido al de Jane, de la que enseguida queda prendado. Su sencillez e indiferencia ante las distinciones por clase social le sitúan en una posición opuesta a Darcy, su mejor amigo.

MR. BENNET

Mr. Bennet, el padre de las hermanas Bennet, es un hombre cínico que disfruta burlándose de las locuras de su mujer. Aunque adora a sus hijas, en especial a Elizabeth, con la que guarda un gran parecido, se muestra indiferente en lo que respecta a sus preocupaciones por encontrar un marido y fracasa así en su papel como padre.

MRS. BENNET

La madre de las hermanas Bennet es ruidosa, idiota e irracional. Su único objetivo en la vida es casar a sus hijas. Sin embargo, su falta de educación y su comportamiento inapropiado hacen que esta empresa se vuelva difícil. Se preocupa más por la seguridad económica de sus hijas que por la felicidad de estas.

GEORGE WICKHAM

Encantador en apariencia, es un oficial ávido de dinero. Le gusta el juego y carece de escrúpulos: intenta sacarle dinero a Darcy y casarse con la hermana de este, Georgiana, para aprovecharse de su fortuna. Al principio, Elizabeth se ve atraída por el carácter y el carisma del joven, pero más tarde se aleja de él debido a las revelaciones que hace Darcy sobre su oscuro pasado, algo que al mismo tiempo le acerca más a este último.

LYDIA BENNET

La benjamina de las hermanas Bennet es inmadura y en-greída. Es la que más se parece a su madre. Es impulsiva y no piensa antes de actuar, lo que a punto está de llevarle a la ruina.

MR. COLLINS

Es un párroco pomposo y algo estúpido que se encuentra bajo la protección de lady Catherine de Bourgh, información que le encanta repetir constantemente. Es el primo de Mr. Bennet y, cuando este muera, heredará la hacienda de Longbourn, puesto que las mujeres no podían ser herederas en aquella época. Después de la negativa de Elisabeth a casarse con él, se casa con Charlotte Lucas.

CHARLOTTE LUCAS

Es amiga íntima de Elizabeth y no especialmente atractiva. Es pragmática, y no ve el amor como algo esencial en el matrimonio: simplemente desea una vida cómoda, por lo que acepta a Mr. Collins como esposo.

CAROLINE BINGLEY

La hermana de Charles Bingley es altiva y superficial. Se muestra extremadamente condescendiente con la familia Bennet, sobre todo con Elizabeth, y se burla de sus orígenes modestos. Sus intentos por llamar la atención de Darcy no hacen más que acercar el chico a Elizabeth.

LADY CATHERINE DE BOURGH

Es la tía de Darcy. De carácter arrogante, le gusta tener bajo control a los que considera inferiores a ella. Encarna a la perfección el esnobismo social, sobre todo al intentar alejar a Elizabeth de su sobrino.

MARY BENNET

Es la tercera hija de los Bennet. Pretenciosa, prefiere cultivarse y leer a estar con gente de su edad.

CATHERINE (KITTY) BENNET

Es la cuarta hija de los Bennet. Se lleva muy bien con Lydia y, como ella, siente atracción por los oficiales.

MR. Y MRS. GARDINER

El hermano de Mrs. Bennet y su mujer son personas afables y cultas. Se revelan a menudo mejores padres para las hermanas Bennet que sus propios padres.

GEORGIANA DARCY

La hermana de Darcy no está muy presente en la novela, pero muchos personajes la elogian. Es atractiva y muy tímida.

CLAVES DE LECTURA

EL ARTE DEL DIÁLOGO

Orgullo y prejuicio presenta muchos y muy variados diálogos. En la época de Jane Austen, las novelas se solían leer en voz alta, de ahí la gran importancia de los diálogos.

En este caso, desempeñan un papel fundamental en el desarrollo de la trama. De hecho, hay escasas descripciones y son las palabras las que en realidad constituyen la acción. Los momentos decisivos de la historia se nos presentan en forma de conversaciones, pero también de cartas, como veremos en el próximo apartado.

Por ejemplo, la novela comienza con un diálogo entre Mrs. Bennet y su marido. Es así como nos enteramos de que la principal preocupación de Mrs. Bennet es casar a sus hijas. La actitud irónica y sarcástica que emplea Mr. Bennet con su mujer, histérica y quejica, también se pone de manifiesto en este primer diálogo:

> «—Soltero, naturalmente, querido; un soltero de gran fortuna: cuatro o cinco mil libras al año de renta. ¡Qué partido estupendo para nuestras hijas!
> —No entiendo cómo puede afectarles semejante cosa.
> —Querido Bennet —replicó su mujer—, ¿por qué en ocasiones te cuesta tanto entender las cosas? Has de saber que es mi intención hacer que se case con una de ellas» (Austen 1999, cap. 1).

Jane Austen utiliza, asimismo, numerosos diálogos para

describir la personalidad de cada uno de los protagonistas, dándoles una forma de hablar particular:

- Elizabeth hace uso de la ironía para burlarse de la hipocresía que la rodea. Es buena oradora, franca y directa, y nunca busca hacerle daño a su interlocutor a propósito;
- Miss Bingley, por su parte, utiliza la palabra para reafirmar su superioridad, sobre todo con Elizabeth. Es arrogante y satírica;
- las cartas de Mr. Collins nos muestran un personaje pedante y presuntuoso. Sus discursos son estúpidos y tediosos;
- Lydia habla por los codos y pronuncia trivialidades que carecen de consistencia;
- la ridiculez de Mrs. Bennet está a la altura del lenguaje que emplea. Su discurso, repleto de cotilleos absurdos, es redundante y repetitivo;
- Darcy es un personaje serio y poco hablador. Sus palabras están llenas de cinismo y de indirectas en tono irónico. Sus conversaciones con Elizabeth son brillantes.

El hecho de que Jane Austen se valga tanto del diálogo se debe a que, en aquella época, la conversación desempeñaba un papel de suma importancia en las relaciones mundanas de la clase acomodada. Además, este es el motivo por el que los habitantes de Longbourn no aprecian a Darcy: ya desde el primer baile se niega a participar en los chismorreos de sus vecinos y se mantiene en silencio. Por eso al principio se le describe como un personaje maleducado y altivo. Por el contrario, Wickham, muy dado a la conversación, enseguida cae en gracia a todo el mundo, sobre todo a Elizabeth.

UNA NOVELA EPISTOLAR

Casi todos los personajes intercambian cartas y expresan su punto de vista a través de una vasta correspondencia. Muchos de los acontecimientos importantes de la obra se nos comunican, de hecho, a través de estas misivas:

- nos enteramos de que Jane está enferma y de que debe quedarse en Netherfield gracias a la carta que le escribe a Elizabeth;
- Caroline Bingley le anuncia por carta a Jane que Mr. Bingley y sus acompañantes se han marchado de Netherfield Park por un tiempo indefinido;
- Elizabeth, de viaje con los Gardiner, se entera mediante una carta que le escribe Jane de que Lydia se ha fugado con Wickham y de que no tienen noticias de la ilegítima pareja: «A estas horas, mi querida hermana, habrás recibido mi carta anterior escrita a toda prisa. Espero que ésta sea más inteligible [...]. Queridísima Lizzy, tengo malas noticias para ti y no puedo dilatarlas» (Austen 1999, cap. 46);
- Darcy le explica por carta a Elizabeth los motivos por los que ha intentado separar a Mr. Bingley de Jane. Asimismo, expone la naturaleza de su disputa con Wickham: «No se alarme usted, señorita, al recibir esta carta creyendo que contiene una repetición de los sentimientos, una renovación de los ofrecimientos que tanto disgusto le causaron anoche. [...] Dos delitos de naturaleza muy diversa y en modo alguno de igual magnitud ha cargado usted sobre mí la pasada noche» (Austen 1999, cap. 35).

Algunos críticos sostienen que *Orgullo y prejuicio* fue, antes de que la autora la revisara, una novela epistolar. Resulta imposible confirmar o desmentir esta hipótesis, dado que no se conserva el manuscrito original.

LA IMPORTANCIA DEL MATRIMONIO

Tal y como se nos indica en la primera frase de la novela, el matrimonio y la función social que representa eran primordiales en la época de Jane Austen. En aquellos tiempos, las jóvenes no tenían acceso a la educación superior, y la única profesión a la que podían aspirar era a la de institutriz. El matrimonio era el único medio del que disponían para garantizar su prosperidad económica y afianzar su estatus social.

En el caso de las hermanas Bennet, la situación es aún más difícil. Al ser la propiedad de Mr. Bennet un bien inalienable, y debido a la ausencia de un heredero directo masculino, deberá cederse a un primo lejano, Mr. Collins. Cuando Mr. Bennet fallezca, la familia deberá apoyarse en la caridad de sus parientes, algo socialmente humillante.

De esta forma, comprendemos el porqué de la obsesión de Mrs. Bennet con el matrimonio, y también por qué, según ella, la felicidad se mide exclusivamente en términos financieros. Hay otros personajes que piensan de la misma forma y que ven el matrimonio como una simple transacción financiera y social:

- Mr. Collins no entiende que, encontrándose en una buena posición, Elizabeth le haya rechazado: «[...] no creo que mi mano sea indigna de tu aceptación ni que la situación que te ofrezco deje de ser altamente apetecible. [...] y habrás de considerar, además, que a pesar de tus numerosos atractivos no es seguro que se te haga otra proposición de matrimonio» (Austen 1999, cap. 19);

- Charlotte le confiesa a Elizabeth que solo ha aceptado casarse con Mr. Collins por su posición social y por su dinero. Se trata de un matrimonio de conveniencia y no derivado del amor: «Sólo busco un hogar, y considerando el carácter, relaciones y posición social de Mr. Collins, estoy segura de que mis probabilidades de felicidad con él son tan grandes como las de la mayoría de la gente al contraer matrimonio» (Austen 1999, cap. 22);
- Miss Bingley desea garantizar la ascensión social de su hermano y la suya propia casándose con Darcy.

Por último, valiéndose de las parejas que se forman durante la novela, Jane Austen presenta varios modelos de matrimonio:

- Lydia y Wickham. Es el peor matrimonio de la novela. Wickham es malvado, le gusta el juego y en realidad no quiere a Lydia. Solo acepta casarse con ella a cambio del dinero de Darcy. Lydia, por su parte, es demasiado necia como para ver que ha puesto en peligro la reputación de su familia, y piensa que su unión se trata de un verdadero matrimonio por amor;
- Mr. y Mrs. Bennet. Cegado por la belleza y por la juventud de Mrs. Bennet, Mr. Bennet no se da cuenta inmediatamente de la estupidez y de la superficialidad de su mujer. Sin embargo, no hace nada para intentar mejorar

su relación. Prefiere evitar a su esposa y refugiarse en su biblioteca. Se trata de un matrimonio intelectualmente desequilibrado;

- Mr. Collins y Charlotte. A sus 27 años, Charlotte, no demasiado agraciada, alberga pocas esperanzas de casarse. Con esta unión, la joven accede a un buen estatus social, al bienestar material y a una cierta independencia. Por su parte, Mr. Collins se casa por deber, ya que lady Catherine de Bourgh le presiona y él siente la obligación de dar ejemplo;
- Mr. y Mrs. Gardiner. Es un matrimonio estable y maduro, al contrario que el de los Bennet. La concordia y el respeto son primordiales en esta pareja;
- Jane y Mr. Bingley. Jane se casa con Mr. Bingley porque le quiere, no por su fortuna. Bingley también está enamorado de Jane y no tiene en cuenta su estatus social. Se trata de un verdadero matrimonio por amor;
- Elizabeth y Darcy. Elizabeth, como Jane, no se casa con intención de lucrarse; su elección es libre e independiente. Busca la felicidad y la realización personal. Es sincera y no finge sentir amor para acceder a cierto estatus social, como hace Miss Bingley. Darcy y Elizabeth logran superar los obstáculos (los prejuicios de Elizabeth, el orgullo de Darcy) y se convierten en compañeros a un mismo nivel. Su matrimonio se basa en el cariño y el respeto mutuo.

PISTAS PARA LA REFLEXIÓN

ALGUNAS PREGUNTAS PARA PROFUNDIZAR EN SU REFLEXIÓN...

* Reconstruya los diferentes viajes que realizan las hermanas Bennet a lo largo de la novela. ¿Cuál es, según usted, la función principal de estos desplazamientos? ¿Qué consecuencias tienen en el futuro de las jóvenes?
* La novela se inicia con esta frase: «Es una verdad reconocida por todo el mundo que un soltero dueño de una gran fortuna siente un día u otro la necesidad de una mujer» (Austen 1999, cap. 1). ¿Qué tiene de irónico esta frase? Desde su punto de vista, ¿qué lleva a Jane Austen a comenzar así su novela?
* *Orgullo y prejuicio* se publicó de forma anónima. Teniendo en cuenta la época en la que Jane Austen vivió, encuentre tres posibles explicaciones.
* ¿Qué simboliza la hacienda de Pemberley?
* El título inicial que Jane Austen eligió para su obra fue *First Impressions (Primeras impresiones)*. ¿Por qué este título también era adecuado?
* Analice en profundidad el personaje de Mr. Bennet. Según usted, ¿es simpático o antipático? ¿Colabora en la búsqueda de un marido para las hermanas Bennet o se opone a la misma?
* En su novela, Jane Austen se vale en muchas ocasiones de la ironía. Extraiga cinco ejemplos de la obra y coméntelos.
* Según usted, ¿por qué la novela sigue siendo tan popular en la época actual?
* Explique de qué forma crea Jean Austen ciertos perso-

najes secundarios, como Miss Bingley, Mr. Collins y lady Catherine de Bourgh, para acercar a Elizabeth y Darcy.

- ¿Qué relación tiene Mrs. Bennet con sus hijas (especialmente con Elizabeth y Lydia)?

PARA IR MÁS ALLÁ

EDICIÓN DE REFERENCIA

- Austen, Jane. 1999. *Orgullo y prejuicio*. Traducido por Ana M.ª Rodríguez. Madrid: Unidad Editorial, colección *Millenium, las 100 joyas del milenio*.

ESTUDIO DE REFERENCIA

- Sparknotes Editors. 2002. *Sparknotes on* Pride and Prejudice *by Jane Austen*. Nueva York: SparkNotes LLC.

ADAPTACIONES

La novela se adaptado en distintos formatos en numerosas ocasiones, de forma más o menos fiel. Las adaptaciones más conocidas son las siguientes:

- *Orgullo y prejuicio*. Serie de televisión de seis episodios producida por Sue Birtwistle y dirigida por Simon Langton, con Colin Firth y Jennifer Ehle. Reino Unido, 1995.
- Fielding, Helen. 2002. *El diario de Bridget Jones*. Traducido por Néstor Busquets. Barcelona: MDS Books/ Mediaset.
  Esta novela recupera numerosos elementos de *Orgullo y prejuicio* y los traslada al siglo XX. Fue también adaptada a la gran pantalla en 2001, con Colin Firth, Hugh Grant y Renée Zellweger.

- *Orgullo y prejuicio*. Dirigida por Joe Wright, con Keira Knightley y Matthew Macfadyen. Reino Unido, 2005.
- *La joven Jane Austen*. Dirigida por Julian Jarrold, con Anne Hathaway y James McAvoy. Reino Unido, 2007.
  Esta película recupera elementos de *Orgullo y prejuicio* y los mezcla con la biografía de Jane Austen.
- Grahame-Smith, S. 2009. *Orgullo y prejuicio y zombies*, Barcelona: Umbriel.
  Parodia de la novela de Jane Austen, que mezcla ciencia-ficción y terror.

Resumen Express.com

Muchas más guías para descubrir tu pasión por la literatura

www.resumenexpress.com